AF126184

BEI GRIN MACHT SICH IHR WISSEN BEZAHLT

- Wir veröffentlichen Ihre Hausarbeit, Bachelor- und Masterarbeit

- Ihr eigenes eBook und Buch - weltweit in allen wichtigen Shops

- Verdienen Sie an jedem Verkauf

Jetzt bei www.GRIN.com hochladen und kostenlos publizieren

Microservice-Architektur und DevOps. Eine Einführung

Döndü Emili

Bibliografische Information der Deutschen Nationalbibliothek:

Die Deutsche Nationalbibliothek verzeichnet diese Publikation in der Deutschen Nationalbibliografie; detaillierte bibliografische Daten sind im Internet über http://dnb.d-nb.de abrufbar.

ISBN: 9783346487995
Dieses Buch ist auch als E-Book erhältlich.

Druck und Bindung: Books on Demand GmbH, Norderstedt Germany
Gedruckt auf säurefreiem Papier aus verantwortungsvollen Quellen

Das vorliegende Werk wurde sorgfältig erarbeitet. Dennoch übernehmen Autoren und Verlag für die Richtigkeit von Angaben, Hinweisen, Links und Ratschlägen sowie eventuelle Druckfehler keine Haftung.

Das Buch bei GRIN: https://www.grin.com/document/1126310

Inhaltsverzeichnis

Abbildungsverzeichnis

Abkürzungsverzeichnis

API...Programmierschnittstellen

DDD...Domain-Driven-Design

HTML..Representational State Transfer

HTTP..Hypertext Transfer Protocol

ITSO...International Technical Support Organization

OAuth..Open Authorization

REST...Representational State Transfer

1 Einleitung

Im Jahr 2002 verkündete Jeff Bezos die „*Two Pizza Teams*" Regel. Diese Regel besagt, dass Teamgröße der Anzahl an Mitgliedern entsprechen sollte, die von zwei amerikanischen Pizzen satt werden können. Vor diesem Hintergrund sollten Teams „*cross-functional*" (dt.: funktionsübergreifend) aufgestellt werden. In jedem Team sollten alle notwendigen Kenntnisse und Fähigkeiten, welche für die Entwicklung und Steuerung eines Systems benötigt werden, vertreten sein. Dies hat zur Folge, dass innerhalb der Teams kommuniziert wird und der Abstimmungsbedarf zwischen Teams reduziert wird. Ebenso trägt jedes Team die Verantwortung für sein eigenes System.[1] Diese Organisationsform heißt *DevOps* und die verwendete Architektur Microservices.

Microservices ist ein Architekturstil, bei dem eine Anwendung in kleine Module zerlegt wird, die unabhängig voneinander entwickelt, getestet und installiert werden. Daher sind Microservices als eigenständige Prozesse zu verstehen, die unabhängig voneinander skaliert werden. Während ein Team die Verantwortung für einen oder mehrere Microservices tragen kann, dürfen mehrere Teams nicht für einen Microservice zuständig sein.[2]

Aktuell ist die Nachfrage nach Microservice-Architektur gering. Allerdings haben sich Internetriesen wie Amazon, Netflix und Google von ihrer anfänglichen monolithischen Architektur verabschiedet und Microservice-Architektur eingeführt.[3]

Vor diesem Hintergrund hat die zugrundeliegende Seminararbeit zum Ziel, die Microservice-Architektur vorzustellen. Hierfür werden im zweiten Kapitel die Merkmale einer monolithischen Architektur skizziert. Anschließend werden die zentralen Eigenschaften von Microservices herausgearbeitet, um im Anschluss sowohl die Vorteile als auch die Herausforderungen einer Microservice-Architektur darzustellen. In diesem Zusammenhang werden die beiden Architekturen Microservices und Monolith gegenübergestellt. In Bezug auf die Unabhängigkeit der einzelnen Services, welches als einer der zentralen Eigenschaften einer Microservice-Architektur herausgearbeitet wurde, ergibt sich die Frage, wie Querschnittsaspekte, wie zum Beispiel Authentifizierung und Autorisierung innerhalb einer Microservice-Architektur, umgesetzt werden können. Aus diesem Grund wird im vierten Kapitel die Fragestellung untersucht, wie Authentifizierung und Autorisierung innerhalb eines

---

[1] Vgl. Schwartz (2017), S. 590
[2] Vgl. ebd.
[3] Ebd.

aus Microservices bestehenden Anwendung funktionieren. Der letzte Teil der vorliegenden Arbeit verdeutlicht anhand eines Beispiels, wie die Umsetzung einer Microservice-Architektur innerhalb eines Unternehmens erfolgen kann.

2 Monolithische Architektur

Die Softwarearchitektur beschreibt die innere und äußere Struktur eines Softwaresystems. Einerseits veranschaulicht die Softwarearchitektur die Softwarekomponenten, die Schnittstellen und ihre Beziehungen zueinander. Anderseits beinhaltet die Softwarearchitektur die anzuwendenden Design- und Entwicklungsregeln. Durch eine effektive Steuerung einer Softwarearchitektur soll erreicht werden, dass die Wartungsmöglichkeit, Flexibilität, Mehrfach-Nutzbarkeit, Update-Fähigkeit, Sicherheit und Transparenz einer Software steigen.[4]

Eine Softwarearchitektur kann in zwei Kategorien unterteilt werden: die Makro- und Mikro-Architektur. Die Makro-Architektur stellt das gesamte System inklusive der Abgrenzung einzelner Komponenten dar und reglementiert, wie die Komponenten miteinander interagieren. Hingegen spezifiziert eine Mikro-Architektur die interne Charakteristik der einzelnen Komponenten.[5]

Das monolithische Architekturmuster ist eines der bekanntesten Architekturmuster. Eine monolithische Software-Architektur ist ein homogenes Gebilde, welches die funktionalen Elemente einer Software untrennbar miteinander verbindet. Eine monolithische Struktur folgt nicht dem Ansatz einer expliziten Gliederung in Teilsysteme oder Komponenten. Dies hat zur Folge, dass derartige Systeme an Hardware-Ressourcen, bestimmte Datenformate und proprietäre Schnittstellen gebunden sind. Systemteile können nur mit erheblichem Aufwand angepasst oder ausgetauscht werden. Ein Monolith kann zwar intern modular aufgebaut sein, allerdings sind die einzelnen Module nicht unabhängig voneinander.[6]

Zusammenfassend werden folgende zentrale Probleme einer monolithischen Architektur zugeordnet:[7]

- Wartung und Weiterentwicklung: Trotz Modularisierung schleichen sich mit zunehmender Größe immer mehr Abhängigkeiten ein, da im Verlauf der Zeit mehr Software-Code entsteht, welches die Wartung und Weiterentwicklung enorm erschwert.

---

[4] Vgl. Heuermann (2014), S. 87
[5] Vgl. Schwartz (2017), S. 590
[6] Vgl. Fink (2012)
[7] Vgl. Dragoni et al. (2016), S. 196

2

- *Deployment*-Monolith: Bereits kleine Änderungen in einzelnen Modulen haben zur Folge, dass die ganze Anwendung neu *deployt* werden muss.

- Technologie: Alle Module müssen der vorgegebenen Technologie entsprechen, auch wenn die ausgewählte Technologie für einzelne Module sub-optimal ist oder EntwicklerInnen auf andere Techniken spezialisiert sind.

- Skalierbarkeit: Aufgrund der starken Kopplung ist eine Lastenverteilung einzelner Dienste auf verteilte Systeme nicht möglich. Eine Skalierung kann nur realisiert werden, wenn die gesamte Anwendung auf weiteren Servern repliziert wird.

- *Continuous-Delivery-Pipeline*: Ein *Deployment*-Monolith kann nur als Ganzes in Produktion gebracht werden.

Aufgrund der oben beschriebenen Nachteile suchen Unternehmen eine Alternative zur monolithischen Architektur. Eine Alternative bietet die Microservice-Architektur. Angesichts des starken Modularisierungskonzepts kann die Microservice-Architektur die Nachteile einer monolithischen Architektur kompensieren, indem zum Beispiel einzelne Komponenten skaliert werden können. Jedoch ist ebenso die Microservice-Architektur nicht frei von Nachteilen. Aus diesem Grund werden im Folgenden die wesentlichen Eigenschaften sowie die Vor- und Nachteile einer Microservice-Architektur herausgearbeitet und der monolithischen Architektur gegenübergestellt.

3 Microservices

Microservice ist ein Architekturstil mit dem Ziel, eine Anwendungssoftware in voneinander unabhängige Services zu gliedern. Das Softwaresystem wird in kleine Module zerlegt, die autark entwickelt und installiert werden. Aufgrund dessen können Microservices unabhängig voneinander skaliert werden. Somit ist jeder Service ein eigenständiger Prozess. Das Modularisierungskonzept wird verfolgt, um die Komplexität einer Anwendungssoftware zu reduzieren. Folglich hat die Zerlegung einer komplexen Anwendungssoftware in kleine Module zur Folge, dass EntwicklerInnen das betroffene Modul einfacher verstehen und entwickeln können.[8] Jeder Service sollte zur Kollaboration mit anderen Microservices eine technologieunabhängige Programmierschnittstellen (API) nutzen.[9]

---

[8] Vgl. Schwartz (2017), S. 590
[9] Vgl. ITSO (2015), S. 4

3

Wenngleich eine formale Definition zum Thema Microservices fehlt, versuchen die bekannten Autoren und Softwarearchitekten Fowler und Lewis Microservices hinsichtlich ihrer Merkmale zu beschreiben.[10] Im Folgenden werden nicht alle Charakteristika vorgestellt, sondern lediglich die zentralen Merkmale. Darüber hinaus ist es nicht zwingend erforderlich, dass Microservices alle im folgenden benannten Eigenschaften besitzen, um als Microservices zu gelten.

3.1 Charakteristika

Eine wesentliche Eigenschaft von Microservice-Architektur ist die Komponententrennung durch Services. Dabei bezeichnet eine Komponente eine Softwareeinheit, die unabhängig austauschbar und erweiterbar ist. Services sollen lose gekoppelt sein, damit eine Änderung eines Microservice keine Änderung weiterer Microservices impliziert. Somit soll ermöglicht werden, dass Microservices unabhängig voneinander *deployt* werden können, ohne das andere Services davon beeinflusst oder beeinträchtigt werden. Selbst wenn im Rahmen einer Änderung ein Microservice ausfällt, hat dies nicht zur Folge, dass dadurch weitere Microservices wegfallen, wodurch die Funktionsfähigkeit der Anwendung gewährleistet wird.[11]

Des Öfteren erfolgt die Zerlegung eines Softwaresystems auf technischer Ebene, was zu einer Organisation in Benutzeroberflächen-, *Backend*- und Datenbank-Teams führt. Aufgrund dessen führt bereits eine kleine Änderung am System zu erheblichem Kommunikationsaufwand, da Absprachen teamübergreifend stattfinden und letztlich enorme Kosten verursachen.[12] Im Gegensatz zur technischen Zerlegung erfolgt beim Microservice-Architekturmuster die Aufteilung eines Softwaresystems nach Fachlichkeit. Für die fachliche Modellierung einer Anwendung kann das *Domain-Driven Design* (DDD) herangezogen werden. Die Kernidee von DDD ist, die Domäne bei der Softwareentwicklung in den Mittelpunkt zu rücken und das alle Beteiligten unabhängig von ihrer jeweiligen Disziplin ein gemeinsames Fachverständnis für die Thematik und die dazugehörige Fachsprache besitzen. DDD verfolgt das Ziel, fachliche Objekte der Anwendungsdomäne, ihre Abhängigkeiten und Interaktionen korrekt abzubilden und eine einheitliche domänenspezifische Sprache zu schaffen.[13] Die Intention dabei ist, dass jeder Microservice seine eigene fachliche Einheit bilden soll, sodass ein Service unabhängig von anderen Teams eine Änderung oder Einführung eines neuen *Features* durchführen kann.

---

[10] Vgl. Fowler & Lewis (2015), S. 1
[11] Vgl. Fowler & Lewis (2015), S. 2
[12] Vgl. ebd.
[13] Vgl. Bindick & Stoye (2018)

Dies wird dadurch ermöglicht, dass jedes Team funktionsübergreifend aufgestellt ist und alle notwendigen Kenntnisse und Fähigkeiten im Team vorhanden sind, die für das Programmieren, Testen und Betreiben eines Systems benötigt werden.[14]

Die Microservice-Architektur legt auf jegliche Dezentralisierung wert, damit Teams autark arbeiten können. Deswegen werden leichtgewichtige Technologien bevorzugt, ungeachtet, dass solche Technologien einen höheren Aufwand für Schnittstellenentwicklung und Sicherheitsmanagement bedeuten.[15] Für die Kommunikation zwischen Microservices können unterschiedliche Methoden herangezogen werden. Grundsätzlich wird zwischen synchroner und asynchroner Kommunikation differenziert. Synchrone Kommunikation wird traditionell für eine eins-zu-eins Kommunikation eingesetzt, wobei eine Anfrage geschickt und auf eine Antwort gewartet wird. Ein Ansatz für synchrone Kommunikation zwischen Services ist die Kommunikation über HTTP (*Hypertext Transfer Protocol*) mit einer REST (*Representational State Transfer*) -Schnittstelle. Dagegen besitzen asynchrone Systeme einen zentralen *Message-Bus*, auf denen Nachrichten ausgetauscht werden können. Im Vergleich zur synchronen Kommunikation wird hier nicht auf jede Anfrage eine Antwort erwartet. Services versenden Nachrichten auf einen zentralen Nachrichtenkanal, wobei Nachrichten von einem oder mehreren Services gelesen werden können.[16]

Des Weiteren stehen Microservices häufig im Zusammenhang mit *DevOps*. Der Begriff „*Dev-Ops*" setzt sich aus den Wörtern „*Development*" (dt.: Entwicklung) und „*Operations*" (dt.: Betrieb) zusammen und ist ein Überbegriff für agile IT-Entwicklungsprozesse sowie Strategien. *DevOps* bezeichnet eine Form der Unternehmenskultur, in der kleine Teams insbesondere im Bereich Softwareentwicklung und IT-Betrieb gebildet werden. Im Team arbeiten sowohl EntwicklerInnen als auch AnwenderInnen gemeinsam, damit die Bereitstellung von Software und deren Anwendbarkeit beschleunigt werden können und die Qualität zunimmt. Durch diese Zusammenarbeit werden Entwicklungs- und Operationsprozesse verzahnt und im Gegensatz zu klassischen Ansätzen finden diese nicht mehr arbeitsteilig statt, sondern sind an eine einheitliche Zuständigkeit gebündelt. Insbesondere im Hinblick auf *Continuous-Deployment* mit dem Prinzip „*you build it, you run it*" eignet sich das *DevOps* Konzept. Somit sind EntwicklerInnen zum einen für die Implementierung verantwortlich und zum anderen für die

---

[14] Vgl. Wolff (2018), S. 4
[15] Vgl. Fowler & Lewis (2015), S. 3
[16] Vgl. Momot (2016)

spätere Anwendung im Betrieb. Dadurch entsteht ein Ansporn, Qualität von Anfang an zu implementieren und Lösungen für einen effizienten Betriebseinsatz zu suchen.[17]

Ein weiteres zentrales Merkmal von Microservices stellt die Technologiefreiheit dar. Jedes Team kann unabhängig von anderen Teams oder Services die Programmiersprache und die Werkzeuge frei auswählen, ohne Vereinbarungen treffen zu müssen.[18]

Darüber hinaus steht eine von mehreren Services gemeinsam genutzte Datenbank im Gegensatz zur unabhängigen Weiterentwicklung der einzelnen Services, da dies eine enge Kopplung der Services zur Folge hätte. Aufgrund dessen sollte jeder Microservice, falls eine Datenhaltung benötigt wird, eine eigene Datenbank besitzen. Sofern Daten serviceübergreifend zur Verfügung stehen müssen, kann ein gemeinsamer Datenbestand aus verschiedenen Services zusammengeführt werden.[19]

Um die technologische Unabhängigkeit sicherzustellen, läuft meistens jeder Microservice auf einem eigenen Server. Angesichts der hohen Anzahl von Microservices innerhalb einer Anwendung wäre der Ansatz mit Hardware-Servern nicht geeignet, weshalb man in der Regel auf Virtualisierung setzt. Da das Management einer virtualisierten Infrastruktur mit hohem Aufwand verbunden ist, setzt das eine entsprechende Automatisierung für die Erzeugung virtueller Maschinen voraus. Zudem ist für das kontinuierliche *Deployment* eine automatisierte Infrastruktur notwendig, da manuelle Prozesse aufgrund der Vielzahl von Microservices und deren Instanzen zu kostenintensiv wären.[20]

Nachdem die zentralen Eigenschaften einer Microservice-Architektur herausgearbeitet wurden, werden im folgenden Unterkapitel, die daraus resultierenden Chancen und Herausforderungen einer Microservice-Architektur beleuchtet. Um die Vorteile und Herausforderungen eigehender zu verdeutlichen, werden die beiden Architekturen Microservices und Monolith gegenübergestellt.

3.2 Vorteile

Ein bedeutsamer technischer Vorteil von Microservice-Architektur ist die einfache Austauschbarkeit. Aufgrund der starken Modularisierung sind Microservices deutlich leichter austauschbar als Monolithen. Beispielsweise kann ein Microservice durch eine neue

---

[17] Vgl. Schwartz (2017), S. 590
[18] Vgl. Fowler & Lewis (2015), S. 4
[19] Vgl. Schwartz (2017), S. 590
[20] Vgl. Wolff (2018), S. 80

Implementierung ersetzt werden. Hinzu kommt noch, dass der neue Microservice weder die Codebasis noch die Technologien vom alten Microservice übernehmen muss. Oft stellen Codebasis und Technologie eine Herausforderung für die Modernisierung von *Legacy-Systemen* (Altsystemen) dar, wobei Microservices die Ablösung vereinfachen.[21]

Diese technologische Freiheit ist ein weiterer wesentlicher Vorteil von Microservice-Architektur. Diese erleichtert unter Anderem das Testverfahren von neuer Technologie in einem Microservice. Es besteht die Möglichkeit, spezielle Technologien für bestimmte Funktionalitäten einzusetzen, beispielsweise eine spezielle Datenbank. Infolgedessen wird das Implementierungsrisiko einer neuen Technologie verringert.[22]

Ein weiterer Vorteil für die Nutzung einer Microservice-Architektur ist die Skalierbarkeit. Sollte bei einer monolithischen Anwendung ein kleiner Teil des Systems belastet sein, so muss die gesamte Anwendung skaliert werden. Hinzu kommt noch, dass je größer der Monolith ist, desto länger das *Deployment* dauert. Im Gegensatz dazu wird bei einer Microservice-Architektur nur die belastete Komponente skaliert. Da Microservices komprimiert sind, geht das Skalieren einfach und zügig vonstatten.[23]

Darüber hinaus wird durch die Unabhängigkeit und die Trennung der Microservices ein stabileres und belastbareres System als bei einem monolithischen System gewährleistet. Ein Ausfall eines Microservices würde nicht dazu führen, dass das gesamte System ausfällt. Außerdem ist die Fehlerbehebung bei einem Microservice einfacher und schneller, weil das System modular ist. Im Gegensatz dazu führt ein Fehler beim Monolithen zum Ausfall des gesamten Systems. Hinzu kommt noch, dass die Fehlerbehebung bei einer monolithischen Architektur aufwendiger ist, da der Systemaufbau umfangreicher und komplexer gestaltet ist.[24]

Ein wesentlicher Unterschied zwischen einer Microservices-Architektur und einer monolithischen Architektur besteht darin, dass bei Letzterem eine Anwendung als Ganzes gebaut, gebildet und *deployt* wird und häufig auf einem Code basiert. Bereits eine kleine Änderung führt bei einer monolithischen Architektur dazu, dass die ganze Anwendung neu *deployt* werden muss und währenddessen diese Instanz nicht mehr verfügbar ist. Dies ist darauf zurückzuführen, dass bei einer monolithischen Architektur das Softwaresystem als Ganzes alle Phasen der *Continuous-Delivery-Pipeline*, wie *Deployment*, Test, Abnahme und *Release*

---

[21] Vgl. Wolff (2018), S. 61
[22] Vgl. ebd., S. 61
[23] Ebd., S. 60
[24] Vgl. Wolff (2018), S. 60

durchläuft. Aufgrund der Größe von *Deployment*-Monolithen nehmen die Prozesse mehr Zeit in Anspruch als bei kleineren Systemen, was zur Folge hat, dass die Flexibilität abnimmt und der Kostenaufwand steigt.[25]

Neben den technischen Vorteilen sind ebenso organisatorische Vorteile einer Microservice-Architektur vorhanden. Für die organisatorischen Vorteile sind in erster Linie die technische Unabhängigkeit ausschlaggebend, denn die technische Unabhängigkeit schafft mehr Flexibilität und eine verbesserte Abstimmung. Oftmals werden die organisatorischen Vorteile einer Microservice-Architektur auf das Gesetz von Conway zurückgeführt. Bereits im Jahr 1968 verkündete der amerikanische Informatiker Melvin Edward Conway:

„Any organization that designs a system (defined broadly) will produce a design whose structure is a copy of the organization's communication structure. "[26] (Conway, 1968).

Diese Organisationsstruktur impliziert den Architekturstil Microservices. Dadurch wird erreicht, dass nicht jedes Team sich mit anderen Teams absprechen muss. Stattdessen nimmt die Kommunikation im eigenen Team zu, während die Abstimmung mit anderen Teams nur stattfindet, wenn eine Schnittstelle vorliegt. Daher lässt sich die Kommunikation bei einer Microservice-Architektur effizienter gestalten als bei einer monolithischen Architektur.[27]

Des Weiteren wird die Eigenverantwortlichkeit der MitarbeiterInnen gefördert. Entscheidungen können unabhängiger getroffen werden, wodurch die Offenheit der MitarbeiterInnen gegenüber innovativeren Technologien intensiviert wird. MitarbeiterInnen können auf Basis Ihrer fachlichen Stärken aufgrund der Technologiefreiheit sich gemeinsam im Team, beispielsweise für eine geeignete Programmiersprache, einigen. Folglich werden die Stärken von MitarbeiterInnen gefördert und die Unternehmensproduktivität gesteigert.

Ein weiterer organisatorischer Vorteil ist aufgrund der einfachen Austauschbarkeit von Microservices bedingt, wodurch der Kostenaufwand von Fehlentscheidungen reduziert wird.

3.3 Herausforderungen

Jedoch ist ebenso ein Microservicearchitekturmuster nicht frei von Nachteilen. Eine zentrale Herausforderung von Microservice-Architektur ist die adäquate Zerlegung des Systems, sodass unabhängige Services gebildet werden können. Die Zerlegung des Systems hat zum einen

---

[25] Vgl. ebd., S. 63
[26] Vgl. Fowler & Lewis (2015), S. 1-2
[27] Vgl. Fowler & Lewis (2015), S. 1-2

Einfluss auf die Qualität des Gesamtsystems und zum anderen hat es eine maßgebliche Bedeutung für die unabhängige Arbeit der Services. Vor diesem Hintergrund hat die Anwendungsaufteilung in fachliche Microservices eine hohe Relevanz.[28]

Ein weiterer Nachteil von Microservices stellt die Kommunikation dar. Eine Anwendung, die ausschließlich aus Microservices besteht, ist ein verteiltes System. Dementsprechend können Aufrufe zwischen Microservices aufgrund von Netzwerkproblemen fehlschlagen oder Aufrufe über das Netzwerk sind langsamer und besitzen eine geringere Bandbreite als bei einem Monolithen. Da bei einer monolithischen Architektur die Kommunikation nicht zwischen Services abspielt, stellen sich für Microservices folgende Herausforderungen dar: Bandbreite, Latenz und Zuverlässigkeit in der Kommunikation zwischen den Services.[29]

Ebenso stellt der technologische Pluralismus eine Problematik dar. Die technologische Freiheit hat zur Folge, dass die Multidimensionalität des Gesamtsystems zunimmt. Obwohl jedes Team die Verantwortung für sein eigenes Microservice trägt, steigt aus Betriebssicht die Komplexität der Nachvollziehbarkeit.[30]

Gleichfalls wird das Monitoring von Microservices erschwert. Im Gegensatz ist die Überwachung von einer monolithischen Anwendung deutlich einfacher. Bei einer monolithischen Architektur besteht die Möglichkeit mittels geeigneter Werkzeuge die gesamte Anwendung zu observieren. Bei einer Microservice-Architektur hingegen muss ein Monitoringsystem implementiert werden, welches sowohl jedes einzelne Microservice, als auch das Zusammenspiel der Services protokolliert.[31]

Weitere Herausforderung ergeben sich durch eine komplexe Infrastruktur. Diese stehen im direkten Zusammenhang mit der Anzahl der bereitgestellten Microservices. Um die technologische Unabhängigkeit der Microservices sicherzustellen, wird jeder Microservice in der Regel auf einen eigenen Server zur Verfügung gestellt. Die Systeme müssen alle *deployt*, überwacht und betrieben werden. Folglich erfordert dies die Automatisierung der Betriebsprozesse, da diese sonst aufgrund der Vielzahl von Microservices und deren Instanzen zu kostenintensiv wären.[32]

---

[28] Vgl. Wolff (2018), S. 6
[29] Vgl. Schwartz (2017), S. 592
[30] Vgl. Wolff (2018), S. 76
[31] Vgl. ebd. S. 76-77
[32] Vgl. Schwartz (2017), S. 591

Es wird empfohlen, den Einsatz einer Microservice-Architektur in einem Unternehmen gründlich zu überdenken, da es eine große Expertise in den Bereichen Automatisierung und Monitoring erfordert. Ferner wird von einer vollständigen Neuentwicklung mittels einer Microservice-Architektur abgeraten: Stattdessen wird die stückweise Einführung von Microservices als zielführender erachtet. Denn am Anfang eines Projektes liegen nur wenige Erfahrungen und belastbare Anforderungen vor. Die frühzeitige Aufteilung in Microservices hätte zur Folge, dass die Microservices zu einem späteren Zeitpunkt angepasst werden müssen.[33]

4 Authentifizierung und Autorisierung

Aufgrund der Dezentralisierung der Services ergibt sich die Fragestellung, wie Querschnittsfunktionalitäten innerhalb einer Microservice-Architektur behandelt werden. Nachfolgend wird dies anhand der Authentifizierung und Autorisierung innerhalb eines aus Microservices bestehenden Systems präzisiert.

Authentifizierung und Autorisierung auf dem neusten technischen Stand zu halten und effektiv umzusetzen, stellt bereits monolithische Architekturen vor Herausforderungen. Bei der Anwendung einer Microservice-Architektur spitzt sich diese Aufgabe aufgrund der autark agierenden Microservices noch zu.

Die Authentifizierung prüft die Benutzeridentität, was in der Regel durch die Eingabe eines Benutzernamens und Passwortes geschieht. Nachdem die Identität des Benutzers erfolgreich bestätigt wurde, erhält das System einen Zugang auf die Benutzerdaten, die ihm helfen, den/die BenutzerIn zu autorisieren beziehungsweise festzustellen, welche Zugriffsrechte der/die BenutzerIn besitzt.

Für Microservices gibt es verschiedene Ansätze, um Authentifizierung und Autorisierung für Anfragen durchzuführen. In massiv verteilten Umgebungen kann der Einsatz eines OAuth-Servers zur Authentifizierung herangezogen werden.[34]

In OAuth 2.0 existieren vier Rollen:

- *Resource Owner:* Entität, die einem Dritten den Zugriff auf ihre geschützten Ressourcen gewähren kann. Handelt es sich beim *Resource Owner* um eine Person, wird dieser als *User* bezeichnet.

---

[33] Vgl. Schwartz (2017), S. 592-594
[34] Vgl. Hardt (2012)

- *Resource Server:* Server, auf dem die geschützten Ressourcen liegen. Der *Resource Server* kann mit Hilfe eines *Access Tokens* den Zugriff darauf gewähren. Ein solcher Token repräsentiert die delegierte Autorisierung des *Resource Owners*.
- *Client*: Die anfragende Entität, die auf geschützte Ressourcen des *Resource Owners* zugreifen möchte.
- *Authorization Server:* Instanz, welche die eigentliche Authentifizierung des *Resource Owners* durchführt und ein gültiges Token an den Client versendet, falls der *Owner* den Zugriff autorisiert.

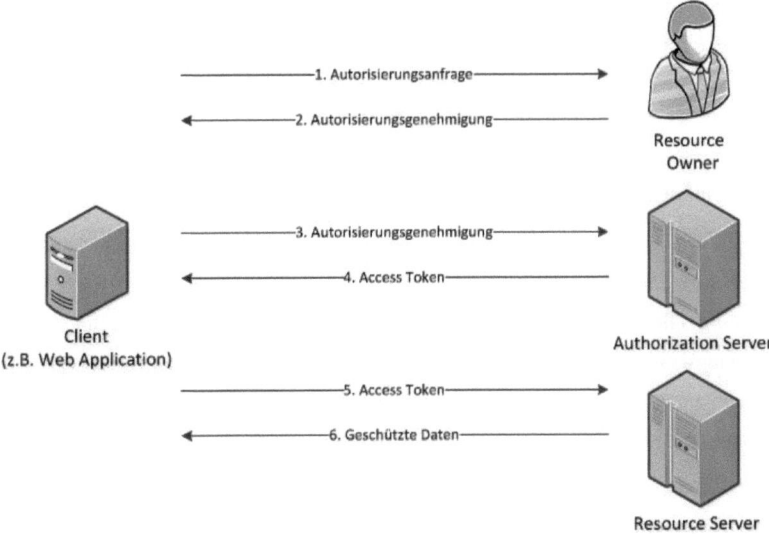

Abbildung 1: Protocol Flow von OAuth 2.0.[35]

Abbildung 1 veranschaulicht einen abstrakten OAuth 2.0 Protokollfluss, die nachfolgend kurz geschildert werden soll.

Der Client fordert eine Autorisierung vom *Resource Owner* an. Daraufhin erhält der Client eine Autorisierungsgenehmigung vom *Resource Owner*. Mit der Autorisierungsgenehmigung vom

---

[35] Vgl. Sanyal (2019)

11

Resource Owner fordert der Client ein *Access Token* vom *Authorization Server*. Daraufhin authentisiert der *Authorization Server* den Client und prüft die Autorisierungsgenehmigung des *Resource Owners*. Wenn die Überprüfung erfolgreich ist, stellt der *Authorization Server* ein *Access Token* aus. Als nächstes fragt der Client die geschützten Daten beim *Resource Server* mittels *Access Token* an. Im Anschluss revidiert der *Resource Server* das *Access Token* und stellt bei einer erfolgreichen Prüfung die gewünschten Daten zur Verfügung.[36]

5 E-Commerce-Legacy-Anwendung

In diesem Kapitel soll das Szenario vorgestellt werden, wie die Modernisierung einer *Legacy*-Webanwendung durchgeführt werden kann.

Je nach Sachstand sind unterschiedliche Einsatzmöglichkeiten von Microservices vorhanden. Es besteht die Möglichkeit, ein bestehendes System mittels Microservices zu erweitern, um unabhängige Features einzubauen oder die Entwicklung einer Anwendung auf Basis einer Microservice-Architektur zu errichten. Eine weitere Einsatzmöglichkeit stellt der Abbau von Software-Altlasten und die stückweise Überführung einzelner Bereiche in Microservices dar.

Das *Legacy* System ist eine etablierte, historisch gewachsene Anwendung im Bereich Unternehmenssoftware, welche genutzt wird, obwohl sie nicht dem neusten technischen Stand entspricht. Hierbei dämpft das *Legacy*-System, insbesondere aufgrund der Entwicklungsgeschwindigkeit, die Innovationskraft. Doch die Ablösung vom *Legacy* System ist kompliziert, da Daten, Transaktionsmechanismen und Prozessbeschreibungen im Altsystem vorhanden sind.

Aufgrund dessen können schrittweise die Funktionalitäten des alten Systems durch Microservices ersetzt werden. Dieses Beispiel soll anhand eines Online Shops veranschaulicht werden. Die Plattform bietet unterschiedliche Funktionalitäten an, wie zum Beispiel Benutzerregistrierung und -verwaltung, Produktsuche, Kundenbetreuung, Warenkorb und Bestellprozess. Beim vorliegenden Beispiel liegt ein Monolith vor, welches nur als Ganzes *deployt* werden kann. Über die Jahre haben sich zu viele Abhängigkeiten gebildet, was die Änderbar- und Wartbarkeit erschwert. Außerdem entspricht die Architektur nicht mehr den neuen Anforderungen. Diese Probleme haben dazu geführt, dass sich das Unternehmen dazu entschieden hat, einige Funktionen von dem *Deployment*-Monolithen aufzuspalten, damit voneinander autark agierende Prozesse eingeführt werden können. Das zuständige Team ist

---

[36] Vgl. Hardt (2012)

sowohl für die Anforderungsaufnahmen als auch für den Betrieb des Prozesses verantwortlich.[37]

Jeder Microservice kommuniziert mit dem Monolithen und den anderen Microservices über *REST*. Des Weiteren ist die Benutzeroberfläche gemäß der spezifischen Fachdomäne gegliedert. Jeder Microservice liefert die HTML-Seiten für seine Anwendungsfälle aus. Zudem ist es möglich, zwischen den HTML-Seiten der Microservices Links einzubauen. Es ist nicht vorgesehen, dass Services Zugriff auf die Datenbanktabelle der anderen Microservices oder des *Deployment*-Monolithen haben. Im Hinblick auf die Datenhaltung und Datenversorgung besitzt für alle Daten immer genau ein Service die Datenhoheit und kann Veränderungen an den Daten durchführen. Wenn andere Service diese Daten benötigen, nutzen sie eine Replik.[38]

Die Microservices können unterschiedlich voneinander *deployt* werden, wodurch Änderungen ohne Koordinierung mit anderen Services durchgeführt werden können, was zur Folge hat, dass parallel an *Features* gearbeitet werden kann.

Damit aus Anwendersicht die Software als eine einzelne Einheit wirkt, wird auf Basis der Makro-Architektur eine übergreifende Architektur- und Entwicklungsrichtlinie für jedes Team festgelegt.[39]

Durch die Ergänzung der Microservices ist der *Deployment*-Monolith deutlich weniger Änderungen unterworfen. Da beispielsweise Features von Microservices abgedeckt sind, bedarf es keiner Änderungen am Monolithen mehr.[40]

Dennoch verursacht die Einführung von Microservices eine zusätzliche Komplexität. Auf der einen Seite müssen Microservices verwaltet werden, welche eine eigene Infrastruktur benötigen. Auf der anderen Seite muss weiterhin der Monolith aufrechterhalten werden. Folglich müssen zwei unterschiedliche Arten von Infrastrukturen für sowohl den Monolith als auch für Microservices sichergestellt werden. Darüber hinaus ist die vollständige Migration einer monolithischen Architektur in eine Microservice-Architektur ein lang andauernder Prozess. Solange der Monolith nicht vollständig abgelöst wird, bleiben die Infrastrukturkosten bestehen.

---

[37] Vgl. Wolff (2018), S. 15
[38] Vgl. ebd. S. 177
[39] Ebd. S. 170
[40] Vgl. Wolff (2018), S. 18

6 Fazit

Microservices haben einige schwerwiegende Vorteile. Besonders die Faktoren der starken Modularisierung und der einfachen Austauschbarkeit von Microservices tragen zu einer nachhaltigeren Softwareentwicklung bei. Zu Beginn ist eine Anwendung schlank und Erweiterungen können leicht realisiert werden. Mit zunehmender Projektlaufzeit nimmt jedoch die Produktivität durch die Erosion der Architektur und der Bindung an alte Technologien ab, wobei die starke Modularisierung und die einfache Ersetzbarkeit dem Produktivitätsverfall entgegenwirken.

Zudem ermöglichen Microservices die Skalierung agiler Prozesse mithilfe der Architektur. Die Software- und die IT-Entwicklung befinden sich im Wandel. Immer mehr Unternehmen adaptieren bereits *DevOps*-Strategien mit absehbar steigender Tendenz. Die klassischen Rollen von Entwicklern und Anwendern werden dabei immer stärker verschwimmen, während die Prozessnähe in der IT-Entwicklung zunehmen wird.

Welche Vorteile bei einer Microservice-Architektur überwiegen, hängt von der betrachteten Perspektive ab.

Zentrale Herausforderungen der Microservice-Architektur sind die Zerlegung des Systems in fachliche Einheiten und die Automatisierung der technischen Infrastruktur.

Trotz aller Vorteile und Effizienzsteigerungen ist zu beachten, dass mit dem Einsatz von Microservices nicht die IT-Kosten gesenkt werden, sondern vielmehr die Voraussetzung geschaffen wird, den komplexer werdenden und dynamisch wandelnden Anforderungen an IT-Systeme gerecht werden zu können, denn diese erfordern bessere Qualität, Wartbarkeit und erhöhte Reaktionsgeschwindigkeit.

7 Literaturverzeichnis

Bindick, Sebastian & Stoye, M. (2018). *Von Monolithen zu Microservices: Domain-Driven Design als Schlüssel zum Erfolg.* entwickler.de. https://entwickler.de/online/development/microservices-domain-driven-design-579861186.html (Zugriff 10.05.2021).

N. Dragoni et. al. (2017). *Microservices: Yesterday, Today, and Tomorrow.* Springer. https://doi.org/10.1007/978-3-319-67425-4_12

Fink, Andreas. (2012). *Monolithisches IT-System - Enzyklopädie der Wirtschaftsinformatik.* Online-Lexikon. https://www.enzyklopaedie-der-wirtschaftsinformatik.de/wi-enzyklopaedie/lexikon/is-management/Systementwicklung/Softwarearchitektur/Architekturparadigmen/Monolit hisches-IT-System (Zugriff 10.05.2021).

Fowler, Martin & Lewis, J. (2015). Microservices: Nur ein weiteres Konzept in der Softwarearchitektur oder mehr?. In: *Online Themenspecial Innovation in und durch Architekturen 2015,* S. 1-7. https://www.sigs-datacom.de/uploads/tx_dmjournals/fowler_lewis_OTS_Architekturen_15.pdf (Zugriff 10.05.2021).

Heuermann, Ronald. (2014). *Strategisches IT-Management: In Privatwirtschaft und Verwaltung.* München: De Gruyter Oldenbourg.

International Technical Support Organization. (2015). Microservices from Theory to Practice: Creating Applications in IBM Bluemix Using the Microservices Approach. In: *IBM Redbooks,* S. 1-18. http://www.redbooks.ibm.com/redbooks/pdfs/sg248275.pdf (Zugriff 10.05.2021).

Momot, Lukas. (2016). *Microservices – Kommunikation.* SDX AG. https://www.sdx-ag.de/2016/11/microservices-kommunikation/ (Zugriff 10.05.2021).

Hardt, Dick. (2012). *The OAUth 2.0 Autorization Framework.* Internet Engineering Task Force. https://datatracker.ietf.org/doc/rfc6749/?include_text=1 (Zugriff 10.05.2021).

Sanyal, Nilesh. (2019). *Implementing Oauth2 Social Login With Facebook Part 1*. Developer World. https://www.devhelperworld.in/2019/10/oauth2-facebook-login-part-one.html (Zugriff 10.05.2021).

Schwartz, Alexander. (2017). Microservices -Mehr als nur ein Hype?. In: *Informatik Spektrum*, 40(6), 590-594. https: //doi.org/ 10.1007/s00287-017-1078-6

Wolff, Eberhard. (2018). *Microservices: Grundlagen flexibler Softwarearchitekturen* (2., akt. Aufl.). Heidelberg: dpunkt.verlag